Szczęśliwego Dnia Matki, Mamo!

Jesteś najbardziej troskliwą, wspierającą matką na świecie. Jestem szczęściarzem, że mam cię w swoim życiu i chcę, żebyś wiedziała, jak bardzo doceniam wszystko, co dla mnie robisz. Mam nadzieję, że ten dzień przyniesie ci radość i dużo miłości. Jesteś niesamowitą matką i kocham cię z całego serca.

Z wyrazami miłości,

www.angelika-zieba.pl

 Angelika Zięba - autorka
Książki autorskie Angeli Z

 angelika_zieba_autorka
ksiazki_autorskie_angeli_z

Dzień Matki

Copyright © by Angelika Zięba 2023

Wszelkie prawa zastrzeżone.
Żaden fragment tekstu nie może być publikowany ani reprodukowany bez pisemnej zgody wydawcy.

TREŚĆ KSIĄŻKI:
Angelika Zięba

PROJEKT OKŁADKI:
Angelika Zięba

PROJEKT GRAFICZNY:
Angelika Zięba

DRUK:
Amazon KDP

Wydanie I

ISBN: 979-83-921998-4-6

1. Ona jest zawsze przy nas bez względu na wszystko.

2. Kocha nas bezwarunkowo.

3. Ona nigdy z nas nie rezygnuje.

4. Zawsze jest przy swoich dzieciach.

5. Dokładnie wie, kiedy potrzebujemy przytulenia.

6. Wspiera nas w naszych staraniach.

1. Jest pełna mądrości i rad.

8. Uczy nas cennych życiowych lekcji.

1. Zawsze nas pociesza.

10. Ona jest pierwszą, która nam przebacza.

11. Jest naszą fanką numer jeden.

13. Ma niesamowite poczucie humoru.

14. Jest naszą największą orędowniczką.

15. Jest naszym największym wzorem do naśladowania.

16. Ona jest naszym największym źródłem siły.

17. Uczy nas, jak ważna jest ciężka praca.

18. Nigdy nie przestaje w nas wierzyć.

21. Zawsze służy pomocą.

22. Robi najlepsze domowe posiłki.

23. Ona jest naszą opoką w trudnych chwilach.

kreatywne

24. Ma najbardziej rozwiązania.

25. Ona najlepiej rozwiązuje problemy.

26. Ona zawsze wie, co robić.

21. Zawsze jest gotowa dołożyć wszelkich starań.

27. Jest najlepszym słuchaczem.

28. Jest najlepszą gawędziarką.

30. Ona nigdy nie przestaje nas rozśmieszać.

31. Jest najlepszą nauczycielką.

32. Jest naszą najprawdziwszą przyjaciółką.

34. Zawsze pokazuje nam, jak być odważnym.

31. Jest najlepszą przytulanką.

38. Ma zdolność okazywania współczucia.

39. Jest świetną negocjatorką.

40. Ona najlepiej sprawia, że czujemy się kochani.

41. Zawsze jest przy swojej rodzinie.

42. Jest niesamowitym źródłem inspiracji.

43. Jest świetną wielozadaniowcem.

44. Zawsze znajduje czas, aby robić coś dla innych.

45. Jest świetnym motywatorem.

4. Starsy ramieniem, w które zawsze możemy się wypłakać.

49. Zawsze wie, co powiedzieć i kiedy to powiedzieć.

50. Zawsze jest w stanie sprawić, że poczujemy się lepiej.

51. Ona nigdy nas nie osądza.

52. Zawsze nas kocha za to, kim jesteśmy.

53. Ma naturalne zdolności opiekuńcze.

54. Jest najlepsza w byciu naszym największym wsparciem.

55. Jest ekspertem w sprawianiu, by ludzie czuli się wyjątkowo.

56. Ma wielką zdolność dzielenia się.

51. Ma niesamowitą zdolność udzielania wsparcia emocjonalnego

58. Jest świetnym mentorem.

59. Ma wielką umiejętność zachowania spokoju w stresujących sytuacjach.

60. Ona jest wspaniałym źródłem wskazówek.

61. Ona jest wielkim źródłem radości.

62. Zawsze jest gotowa do poświęceń.

63. Jest naszym największym powiernikiem.

64. Zawsze będzie nas zachęcać do bycia najlepszą wersją siebie.

65. Ona zawsze będzie przy nas, gdy upadniemy.

66. Ona zawsze będzie naszym domem z dala od domu.

61. Troszczy się o nas, nawet jeśli o tym nie wiemy.

68. Zawsze pokazuje nam, jak ważne jest, aby nigdy się nie poddawać.

69. Ona zawsze znajdzie dla nas czas.

10. Ona zawsze będzie miała na uwadze nasze dobro.

11. Zawsze pokazuje nam, jak zamienić negatyw w pozytyw.

12. She will always have our best interests at heart.

13. Ona zawsze będzie twoją opoką.

14. Ona zawsze da nam swoją szczerą opinię.

15. Zawsze jest gotowa pójść na kompromis dla naszego dobra.

16. Ona zawsze będzie naszym głosem rozsądku.

11. Ona zawsze będzie naszą powierniczką.

18. Ona zawsze będzie naszym największym źródłem nadziei.

19. Zawsze będzie tam, aby przypominać nam o naszych mocnych stronach.

80. Zawsze ma najlepsze pomysły, jak zrobić coś fajnego.

81. Zawsze jest tam, aby udzielić zrozumienia.

82. Zawsze będzie tam, aby zapewnić nam bezpieczne miejsce do lądowania.

83. Zawsze będzie tam, aby dać nam impuls, którego potrzebujemy, aby odnieść sukces.

84. Ona zawsze będzie tam, aby dać nam słowo zachęty.

85. Ona zawsze będzie tam, aby pomóc nam zobaczyć światło w ciemności.

86. Ona zawsze będzie tam, aby pomóc nam znaleźć odwagę, by stawić czoła naszym lękom.

81. Zawsze będzie, aby zapewnić poczucie stabilności i komfortu.

87. Ona jest spoiwem, które spaja rodzinę.

88. Potrafi wybrnąć z każdej sytuacji.

10. Ma ogromne serce.

11. Potrafi sprawić, że najtrudniejsze zadania wydają się łatwe.

92. Jest ekspertem od fundżetowania.

93. Wie, kiedy powiedzieć "nie".

14. Jest pierwszą osobą, do której zwracamy się z problemem.

95. Jest wielkim powodem do dumy.

96. Jest wyjątkowa i niezastąpiona.

91. Uczy nas, jak być silnym i niezależnym.

98. Jest hojna.

99. Jest lojalna.

100. Jest niesamowitą matką

Printed in Great Britain
by Amazon